THIS BOOK BELONGS T[O]

IF FOUND PLEASE CONTACT

START DATE	END DATE

DETAILS

BY EVERYDAY PLANNER NOTEBOOKS

DATE	
PURPOSE/ PROJECT NAME	

MEETING ATTENDEES		

NOTES	ACTION ITEMS

FOLLOW UPS/ TO DO

- O
- O
- O
- O
- O
- O
- O
- O
- O
- O
- O
- O
- O

DATE	
PURPOSE/ PROJECT NAME	

MEETING ATTENDEES

ACTION ITEMS

NOTES

FOLLOW UPS/ TO DO

- O
- O
- O
- O
- O
- O
- O
- O
- O
- O
- O
- O
- O

DATE	
PURPOSE/ PROJECT NAME	

MEETING ATTENDEES		

NOTES	ACTION ITEMS

FOLLOW UPS/ TO DO
O
O
O
O
O
O
O
O
O
O
O
O
O

DATE	
PURPOSE/ PROJECT NAME	

MEETING ATTENDEES

ACTION ITEMS

NOTES

FOLLOW UPS/ TO DO

- O
- O
- O
- O
- O
- O
- O
- O
- O
- O
- O
- O
- O

DATE	
PURPOSE/ PROJECT NAME	

MEETING ATTENDEES

NOTES

ACTION ITEMS

FOLLOW UPS/ TO DO

- O
- O
- O
- O
- O
- O
- O
- O
- O
- O
- O
- O
- O

DATE	
PURPOSE/ PROJECT NAME	

MEETING ATTENDEES

ACTION ITEMS

NOTES

FOLLOW UPS/ TO DO

O
O
O
O
O
O
O
O
O
O
O
O
O

DATE	
PURPOSE/ PROJECT NAME	

MEETING ATTENDEES

NOTES

ACTION ITEMS

FOLLOW UPS/ TO DO

- O
- O
- O
- O
- O
- O
- O
- O
- O
- O
- O
- O
- O

DATE	
PURPOSE/ PROJECT NAME	

MEETING ATTENDEES

ACTION ITEMS

NOTES

FOLLOW UPS/ TO DO

- O
- O
- O
- O
- O
- O
- O
- O
- O
- O
- O
- O
- O

| **DATE** | |
| **PURPOSE/ PROJECT NAME** | |

MEETING ATTENDEES		

NOTES	**ACTION ITEMS**

FOLLOW UPS/ TO DO

- O
- O
- O
- O
- O
- O
- O
- O
- O
- O
- O
- O
- O

DATE	
PURPOSE/ PROJECT NAME	

MEETING ATTENDEES

ACTION ITEMS

NOTES

FOLLOW UPS/ TO DO

- O
- O
- O
- O
- O
- O
- O
- O
- O
- O
- O
- O
- O

DATE	
PURPOSE/ PROJECT NAME	

MEETING ATTENDEES		

NOTES

ACTION ITEMS

FOLLOW UPS/ TO DO
O
O
O
O
O
O
O
O
O
O
O
O
O

DATE	
PURPOSE/ PROJECT NAME	

MEETING ATTENDEES

ACTION ITEMS

NOTES

FOLLOW UPS/ TO DO

- O
- O
- O
- O
- O
- O
- O
- O
- O
- O
- O
- O
- O

DATE	
PURPOSE/ PROJECT NAME	

MEETING ATTENDEES

NOTES

ACTION ITEMS

FOLLOW UPS/ TO DO

- O
- O
- O
- O
- O
- O
- O
- O
- O
- O
- O
- O
- O

DATE	
PURPOSE/ PROJECT NAME	

MEETING ATTENDEES

ACTION ITEMS

NOTES

FOLLOW UPS/ TO DO

- O
- O
- O
- O
- O
- O
- O
- O
- O
- O
- O
- O
- O

DATE	
PURPOSE/ PROJECT NAME	

MEETING ATTENDEES

NOTES

ACTION ITEMS

FOLLOW UPS/ TO DO

- O
- O
- O
- O
- O
- O
- O
- O
- O
- O
- O
- O
- O

DATE	
PURPOSE/ PROJECT NAME	

MEETING ATTENDEES

ACTION ITEMS

NOTES

FOLLOW UPS/ TO DO

- O
- O
- O
- O
- O
- O
- O
- O
- O
- O
- O
- O
- O

DATE	
PURPOSE/ PROJECT NAME	

MEETING ATTENDEES

NOTES

ACTION ITEMS

FOLLOW UPS/ TO DO

- O
- O
- O
- O
- O
- O
- O
- O
- O
- O
- O
- O
- O

DATE	
PURPOSE/ PROJECT NAME	

MEETING ATTENDEES

ACTION ITEMS

NOTES

FOLLOW UPS/ TO DO

O
O
O
O
O
O
O
O
O
O
O
O
O

DATE	
PURPOSE/ PROJECT NAME	

MEETING ATTENDEES

NOTES

ACTION ITEMS

FOLLOW UPS/ TO DO

O
O
O
O
O
O
O
O
O
O
O
O
O

DATE	
PURPOSE/ PROJECT NAME	

MEETING ATTENDEES

ACTION ITEMS

NOTES

FOLLOW UPS/ TO DO

- O
- O
- O
- O
- O
- O
- O
- O
- O
- O
- O
- O
- O

DATE	
PURPOSE/ PROJECT NAME	

MEETING ATTENDEES

NOTES

ACTION ITEMS

FOLLOW UPS/ TO DO

- O
- O
- O
- O
- O
- O
- O
- O
- O
- O
- O
- O
- O

DATE	
PURPOSE/ PROJECT NAME	

MEETING ATTENDEES

ACTION ITEMS	**NOTES**

FOLLOW UPS/ TO DO

- O
- O
- O
- O
- O
- O
- O
- O
- O
- O
- O
- O
- O

DATE	
PURPOSE/ PROJECT NAME	

MEETING ATTENDEES

NOTES

ACTION ITEMS

FOLLOW UPS/ TO DO

O
O
O
O
O
O
O
O
O
O
O
O
O

DATE	
PURPOSE/ PROJECT NAME	

MEETING ATTENDEES

ACTION ITEMS

NOTES

FOLLOW UPS/ TO DO

- O
- O
- O
- O
- O
- O
- O
- O
- O
- O
- O
- O
- O

DATE

PURPOSE/ PROJECT NAME

MEETING ATTENDEES		

NOTES	ACTION ITEMS

FOLLOW UPS/ TO DO
O
O
O
O
O
O
O
O
O
O
O
O
O

DATE	
PURPOSE/ PROJECT NAME	

MEETING ATTENDEES

ACTION ITEMS

NOTES

FOLLOW UPS/ TO DO

- O
- O
- O
- O
- O
- O
- O
- O
- O
- O
- O
- O
- O

DATE

PURPOSE/ PROJECT NAME

MEETING ATTENDEES

NOTES

ACTION ITEMS

FOLLOW UPS/ TO DO

- O
- O
- O
- O
- O
- O
- O
- O
- O
- O
- O
- O
- O

DATE	
PURPOSE/ PROJECT NAME	

MEETING ATTENDEES

ACTION ITEMS

NOTES

FOLLOW UPS/ TO DO

- O
- O
- O
- O
- O
- O
- O
- O
- O
- O
- O
- O
- O

DATE	
PURPOSE/ PROJECT NAME	

MEETING ATTENDEES

NOTES

ACTION ITEMS

FOLLOW UPS/ TO DO

- O
- O
- O
- O
- O
- O
- O
- O
- O
- O
- O
- O
- O

DATE	
PURPOSE/ PROJECT NAME	

MEETING ATTENDEES

ACTION ITEMS

NOTES

FOLLOW UPS/ TO DO

- O
- O
- O
- O
- O
- O
- O
- O
- O
- O
- O
- O
- O

DATE	
PURPOSE/ PROJECT NAME	

MEETING ATTENDEES

NOTES

ACTION ITEMS

FOLLOW UPS/ TO DO

- O
- O
- O
- O
- O
- O
- O
- O
- O
- O
- O
- O
- O

DATE	
PURPOSE/ PROJECT NAME	

MEETING ATTENDEES

ACTION ITEMS

NOTES

FOLLOW UPS/ TO DO

- O
- O
- O
- O
- O
- O
- O
- O
- O
- O
- O
- O
- O

DATE	
PURPOSE/ PROJECT NAME	

MEETING ATTENDEES

NOTES

ACTION ITEMS

FOLLOW UPS/ TO DO

O
O
O
O
O
O
O
O
O
O
O
O
O

DATE	
PURPOSE/ PROJECT NAME	

MEETING ATTENDEES

ACTION ITEMS

NOTES

FOLLOW UPS/ TO DO

- O
- O
- O
- O
- O
- O
- O
- O
- O
- O
- O
- O
- O

DATE	
PURPOSE/ PROJECT NAME	

MEETING ATTENDEES

NOTES

ACTION ITEMS

FOLLOW UPS/ TO DO

- O
- O
- O
- O
- O
- O
- O
- O
- O
- O
- O
- O
- O

DATE	
PURPOSE/ PROJECT NAME	

MEETING ATTENDEES

ACTION ITEMS

NOTES

FOLLOW UPS/ TO DO

- O
- O
- O
- O
- O
- O
- O
- O
- O
- O
- O
- O
- O

DATE	
PURPOSE/ PROJECT NAME	

MEETING ATTENDEES

NOTES

ACTION ITEMS

FOLLOW UPS/ TO DO

- O
- O
- O
- O
- O
- O
- O
- O
- O
- O
- O
- O
- O

DATE	
PURPOSE/ PROJECT NAME	

MEETING ATTENDEES

ACTION ITEMS

NOTES

FOLLOW UPS/ TO DO

O
O
O
O
O
O
O
O
O
O
O
O
O

DATE	
PURPOSE/ PROJECT NAME	

MEETING ATTENDEES

NOTES	**ACTION ITEMS**

FOLLOW UPS/ TO DO

- O
- O
- O
- O
- O
- O
- O
- O
- O
- O
- O
- O
- O

| **DATE** | |
| **PURPOSE/ PROJECT NAME** | |

MEETING ATTENDEES

ACTION ITEMS

NOTES

FOLLOW UPS/ TO DO

- O
- O
- O
- O
- O
- O
- O
- O
- O
- O
- O
- O
- O

DATE	
PURPOSE/ PROJECT NAME	

MEETING ATTENDEES

NOTES

ACTION ITEMS

FOLLOW UPS/ TO DO

- O
- O
- O
- O
- O
- O
- O
- O
- O
- O
- O
- O
- O

DATE	
PURPOSE/ PROJECT NAME	

MEETING ATTENDEES

ACTION ITEMS

NOTES

FOLLOW UPS/ TO DO

- O
- O
- O
- O
- O
- O
- O
- O
- O
- O
- O
- O
- O

DATE	
PURPOSE/ PROJECT NAME	

MEETING ATTENDEES		

NOTES	**ACTION ITEMS**

FOLLOW UPS/ TO DO
- O
- O
- O
- O
- O
- O
- O
- O
- O
- O
- O
- O
- O

DATE	
PURPOSE/ PROJECT NAME	

MEETING ATTENDEES		

ACTION ITEMS

NOTES

FOLLOW UPS/ TO DO

- O
- O
- O
- O
- O
- O
- O
- O
- O
- O
- O
- O
- O

DATE	
PURPOSE/ PROJECT NAME	

MEETING ATTENDEES

NOTES

ACTION ITEMS

FOLLOW UPS/ TO DO

- O
- O
- O
- O
- O
- O
- O
- O
- O
- O
- O
- O
- O

DATE	
PURPOSE/ PROJECT NAME	

MEETING ATTENDEES

ACTION ITEMS

NOTES

FOLLOW UPS/ TO DO

- O
- O
- O
- O
- O
- O
- O
- O
- O
- O
- O
- O
- O

DATE

PURPOSE/ PROJECT NAME

MEETING ATTENDEES		

NOTES	ACTION ITEMS

FOLLOW UPS/ TO DO
O
O
O
O
O
O
O
O
O
O
O
O
O

DATE	
PURPOSE/ PROJECT NAME	

MEETING ATTENDEES

ACTION ITEMS

NOTES

FOLLOW UPS/ TO DO

- O
- O
- O
- O
- O
- O
- O
- O
- O
- O
- O
- O

DATE	
PURPOSE/ PROJECT NAME	

MEETING ATTENDEES

NOTES

ACTION ITEMS

FOLLOW UPS/ TO DO

- O
- O
- O
- O
- O
- O
- O
- O
- O
- O
- O
- O
- O

DATE	
PURPOSE/ PROJECT NAME	

MEETING ATTENDEES

ACTION ITEMS

NOTES

FOLLOW UPS/ TO DO

O

O

O

O

O

O

O

O

O

O

O

O

DATE	
PURPOSE/ PROJECT NAME	

MEETING ATTENDEES		

NOTES	ACTION ITEMS

FOLLOW UPS/ TO DO

O
O
O
O
O
O
O
O
O
O
O
O
O

DATE	
PURPOSE/ PROJECT NAME	

MEETING ATTENDEES

ACTION ITEMS

NOTES

FOLLOW UPS/ TO DO

- O
- O
- O
- O
- O
- O
- O
- O
- O
- O
- O
- O
- O

DATE	
PURPOSE/ PROJECT NAME	

MEETING ATTENDEES		

NOTES	ACTION ITEMS

FOLLOW UPS/ TO DO

- O
- O
- O
- O
- O
- O
- O
- O
- O
- O
- O
- O
- O

DATE	
PURPOSE/ PROJECT NAME	

MEETING ATTENDEES

ACTION ITEMS | ## NOTES

FOLLOW UPS/ TO DO

- O
- O
- O
- O
- O
- O
- O
- O
- O
- O
- O
- O
- O

DATE	
PURPOSE/ PROJECT NAME	

MEETING ATTENDEES

NOTES

ACTION ITEMS

FOLLOW UPS/ TO DO

- O
- O
- O
- O
- O
- O
- O
- O
- O
- O
- O
- O
- O

DATE	
PURPOSE/ PROJECT NAME	

MEETING ATTENDEES

ACTION ITEMS

NOTES

FOLLOW UPS/ TO DO

- O
- O
- O
- O
- O
- O
- O
- O
- O
- O
- O
- O
- O

DATE	
PURPOSE/ PROJECT NAME	

MEETING ATTENDEES

NOTES

ACTION ITEMS

FOLLOW UPS/ TO DO

O
O
O
O
O
O
O
O
O
O
O
O

DATE	
PURPOSE/ PROJECT NAME	

MEETING ATTENDEES

ACTION ITEMS

NOTES

FOLLOW UPS/ TO DO

- O
- O
- O
- O
- O
- O
- O
- O
- O
- O
- O
- O
- O

| **DATE** | |
| **PURPOSE/ PROJECT NAME** | |

MEETING ATTENDEES

NOTES

ACTION ITEMS

FOLLOW UPS/ TO DO

- O
- O
- O
- O
- O
- O
- O
- O
- O
- O
- O
- O
- O

DATE	
PURPOSE/ PROJECT NAME	

MEETING ATTENDEES

ACTION ITEMS

NOTES

FOLLOW UPS/ TO DO

- O
- O
- O
- O
- O
- O
- O
- O
- O
- O
- O
- O
- O

DATE	
PURPOSE/ PROJECT NAME	

MEETING ATTENDEES

NOTES

ACTION ITEMS

FOLLOW UPS/ TO DO

- O
- O
- O
- O
- O
- O
- O
- O
- O
- O
- O
- O
- O

DATE	
PURPOSE/ PROJECT NAME	

MEETING ATTENDEES

ACTION ITEMS

NOTES

FOLLOW UPS/ TO DO

- O
- O
- O
- O
- O
- O
- O
- O
- O
- O
- O
- O

DATE	
PURPOSE/ PROJECT NAME	

MEETING ATTENDEES

NOTES

ACTION ITEMS

FOLLOW UPS/ TO DO

O
O
O
O
O
O
O
O
O
O
O
O
O

DATE	
PURPOSE/ PROJECT NAME	

MEETING ATTENDEES

ACTION ITEMS

NOTES

FOLLOW UPS/ TO DO

- O
- O
- O
- O
- O
- O
- O
- O
- O
- O
- O
- O
- O

DATE	
PURPOSE/ PROJECT NAME	

MEETING ATTENDEES		

NOTES	**ACTION ITEMS**

FOLLOW UPS/ TO DO
- O
- O
- O
- O
- O
- O
- O
- O
- O
- O
- O
- O
- O

DATE	
PURPOSE/ PROJECT NAME	

MEETING ATTENDEES

ACTION ITEMS

NOTES

FOLLOW UPS/ TO DO

- O
- O
- O
- O
- O
- O
- O
- O
- O
- O
- O
- O
- O

DATE

PURPOSE/ PROJECT NAME

MEETING ATTENDEES

NOTES

ACTION ITEMS

FOLLOW UPS/ TO DO

- O
- O
- O
- O
- O
- O
- O
- O
- O
- O
- O
- O
- O

DATE	
PURPOSE/ PROJECT NAME	

MEETING ATTENDEES		

ACTION ITEMS	NOTES

FOLLOW UPS/ TO DO

- O
- O
- O
- O
- O
- O
- O
- O
- O
- O
- O
- O
- O

DATE	
PURPOSE/ PROJECT NAME	

MEETING ATTENDEES

NOTES

ACTION ITEMS

FOLLOW UPS/ TO DO

- O
- O
- O
- O
- O
- O
- O
- O
- O
- O
- O
- O
- O

DATE	
PURPOSE/ PROJECT NAME	

MEETING ATTENDEES

ACTION ITEMS

NOTES

FOLLOW UPS/ TO DO

O
O
O
O
O
O
O
O
O
O
O
O

DATE	
PURPOSE/ PROJECT NAME	

MEETING ATTENDEES		

NOTES	**ACTION ITEMS**
	FOLLOW UPS/ TO DO
	O
	O
	O
	O
	O
	O
	O
	O
	O
	O
	O
	O
	O

DATE	
PURPOSE/ PROJECT NAME	

MEETING ATTENDEES

ACTION ITEMS

NOTES

FOLLOW UPS/ TO DO

- O
- O
- O
- O
- O
- O
- O
- O
- O
- O
- O
- O
- O

DATE	
PURPOSE/ PROJECT NAME	

MEETING ATTENDEES

NOTES

ACTION ITEMS

FOLLOW UPS/ TO DO

- O
- O
- O
- O
- O
- O
- O
- O
- O
- O
- O
- O
- O

DATE	
PURPOSE/ PROJECT NAME	

MEETING ATTENDEES

ACTION ITEMS

NOTES

FOLLOW UPS/ TO DO

- O
- O
- O
- O
- O
- O
- O
- O
- O
- O
- O
- O

DATE	
PURPOSE/ PROJECT NAME	

MEETING ATTENDEES

NOTES

ACTION ITEMS

FOLLOW UPS/ TO DO

- O
- O
- O
- O
- O
- O
- O
- O
- O
- O
- O
- O
- O

DATE	
PURPOSE/ PROJECT NAME	

MEETING ATTENDEES

ACTION ITEMS

NOTES

FOLLOW UPS/ TO DO

- O
- O
- O
- O
- O
- O
- O
- O
- O
- O
- O
- O
- O

DATE	
PURPOSE/ PROJECT NAME	

MEETING ATTENDEES

NOTES

ACTION ITEMS

FOLLOW UPS/ TO DO

- O
- O
- O
- O
- O
- O
- O
- O
- O
- O
- O
- O
- O

DATE	
PURPOSE/ PROJECT NAME	

MEETING ATTENDEES

ACTION ITEMS

NOTES

FOLLOW UPS/ TO DO

O
O
O
O
O
O
O
O
O
O
O
O
O

DATE	
PURPOSE/ PROJECT NAME	

MEETING ATTENDEES

NOTES

ACTION ITEMS

FOLLOW UPS/ TO DO

- O
- O
- O
- O
- O
- O
- O
- O
- O
- O
- O
- O
- O

DATE	
PURPOSE/ PROJECT NAME	

MEETING ATTENDEES

ACTION ITEMS

NOTES

FOLLOW UPS/ TO DO

- O
- O
- O
- O
- O
- O
- O
- O
- O
- O
- O
- O
- O

DATE	
PURPOSE/ PROJECT NAME	

MEETING ATTENDEES

NOTES

ACTION ITEMS

FOLLOW UPS/ TO DO

O
O
O
O
O
O
O
O
O
O
O
O
O

DATE	
PURPOSE/ PROJECT NAME	

MEETING ATTENDEES

ACTION ITEMS

NOTES

FOLLOW UPS/ TO DO

- O
- O
- O
- O
- O
- O
- O
- O
- O
- O
- O
- O
- O

DATE	
PURPOSE/ PROJECT NAME	

MEETING ATTENDEES

NOTES

ACTION ITEMS

FOLLOW UPS/ TO DO
- O
- O
- O
- O
- O
- O
- O
- O
- O
- O
- O
- O
- O

DATE	
PURPOSE/ PROJECT NAME	

MEETING ATTENDEES

ACTION ITEMS

NOTES

FOLLOW UPS/ TO DO

- O
- O
- O
- O
- O
- O
- O
- O
- O
- O
- O
- O
- O

DATE	
PURPOSE/ PROJECT NAME	

MEETING ATTENDEES

NOTES

ACTION ITEMS

FOLLOW UPS/ TO DO

O
O
O
O
O
O
O
O
O
O
O
O
O

DATE

PURPOSE/ PROJECT NAME

MEETING ATTENDEES

ACTION ITEMS

NOTES

FOLLOW UPS/ TO DO

- O
- O
- O
- O
- O
- O
- O
- O
- O
- O
- O
- O
- O

DATE	
PURPOSE/ PROJECT NAME	

MEETING ATTENDEES		

NOTES	**ACTION ITEMS**

FOLLOW UPS/ TO DO
O
O
O
O
O
O
O
O
O
O
O
O
O

DATE	
PURPOSE/ PROJECT NAME	

MEETING ATTENDEES

ACTION ITEMS	**NOTES**

FOLLOW UPS/ TO DO

- O
- O
- O
- O
- O
- O
- O
- O
- O
- O
- O
- O
- O

DATE	
PURPOSE/ PROJECT NAME	

MEETING ATTENDEES

NOTES

ACTION ITEMS

FOLLOW UPS/ TO DO

O
O
O
O
O
O
O
O
O
O
O
O
O

DATE	
PURPOSE/ PROJECT NAME	

MEETING ATTENDEES		

ACTION ITEMS	**NOTES**

FOLLOW UPS/ TO DO

- O
- O
- O
- O
- O
- O
- O
- O
- O
- O
- O
- O

DATE	
PURPOSE/ PROJECT NAME	

MEETING ATTENDEES

NOTES

ACTION ITEMS

FOLLOW UPS/ TO DO

- O
- O
- O
- O
- O
- O
- O
- O
- O
- O
- O
- O
- O

DATE	
PURPOSE/ PROJECT NAME	

MEETING ATTENDEES

ACTION ITEMS

NOTES

FOLLOW UPS/ TO DO

- O
- O
- O
- O
- O
- O
- O
- O
- O
- O
- O
- O
- O

DATE

PURPOSE/ PROJECT NAME

MEETING ATTENDEES

NOTES

ACTION ITEMS

FOLLOW UPS/ TO DO

- O
- O
- O
- O
- O
- O
- O
- O
- O
- O
- O
- O
- O

DATE	
PURPOSE/ PROJECT NAME	

MEETING ATTENDEES

ACTION ITEMS

NOTES

FOLLOW UPS/ TO DO

- O
- O
- O
- O
- O
- O
- O
- O
- O
- O
- O
- O
- O

DATE	
PURPOSE/ PROJECT NAME	

MEETING ATTENDEES

NOTES

ACTION ITEMS

FOLLOW UPS/ TO DO

- O
- O
- O
- O
- O
- O
- O
- O
- O
- O
- O
- O
- O

DATE	
PURPOSE/ PROJECT NAME	

MEETING ATTENDEES

ACTION ITEMS

NOTES

FOLLOW UPS/ TO DO

- O
- O
- O
- O
- O
- O
- O
- O
- O
- O
- O
- O
- O

DATE	
PURPOSE/ PROJECT NAME	

MEETING ATTENDEES

NOTES

ACTION ITEMS

FOLLOW UPS/ TO DO

- O
- O
- O
- O
- O
- O
- O
- O
- O
- O
- O
- O
- O

DATE	
PURPOSE/ PROJECT NAME	

MEETING ATTENDEES

ACTION ITEMS

NOTES

FOLLOW UPS/ TO DO

- O
- O
- O
- O
- O
- O
- O
- O
- O
- O
- O
- O
- O

DATE	
PURPOSE/ PROJECT NAME	

MEETING ATTENDEES		

NOTES	**ACTION ITEMS**

FOLLOW UPS/ TO DO
- O
- O
- O
- O
- O
- O
- O
- O
- O
- O
- O
- O
- O

DATE	
PURPOSE/ PROJECT NAME	

MEETING ATTENDEES		

ACTION ITEMS	**NOTES**

FOLLOW UPS/ TO DO
O
O
O
O
O
O
O
O
O
O
O
O
O

NOTES

NOTES

NOTES

NOTES

NOTES

NOTES

NOTES

NOTES

NOTES

Made in the USA
Middletown, DE
27 September 2017